Dirk Bätjer

Splitterseele
Gefühle in Worten

Dirk Bätjer

Splitterseele
Gefühle in Worten

Lyrik

Herstellung und Verlag: Books on Demand GmbH, Norderstedt

ISBN 9783842363557

Splitter

orwort

Lyrik oder Gedicht, Bilder oder Worte... Ich könnte nicht sagen, was die Texte hier für Euch bedeuten werden. Für mich sind sie Bilder, die sich in Worte geformt haben. Meist waren es mehr oder minder schwere Geburten, teils mit Wehen, teilweise kamen sie so schnell, dass ich kaum Stift und Papier fand. Jeder kann seine eigenen Bilder in diesen Texten sehen. Ich kann euch nicht erklären, was es damit auf sich hatte. Es ist etwas, was Ihr selber finden müsst. Auch wenn einiges sehr eindeutig scheint, vertraut nicht darauf, findet Eure eigenen Wege in der Nacht.

Es war ein weiter und beschwerlicher Weg. Trennung, Tod und das Erblicken vieler tief verletzter Menschen, nur um selber für mich wieder etwas zu finden, den Glauben an die Menschen wieder zu finden. Und doch musste ich auf dem Weg lernen, dass Hass sich auch so weit auswirken kann, dass jemand bereit ist, das eigene Blut in Kämpfe und Kriege hineinzuziehen.

So sehr wir uns auch Bemühen die Fehler unserer Eltern zu vermeiden, scheint es doch manchmal unser Schicksal zu sein, dass man sich jemanden sucht, der genau diese ungewollte Vergangenheit aufleben lässt und an die nächste Generation weitergibt.

Auch diese wird lernen müssen seinen eigenen Weg neu zu finden...

Wege in die Nacht

Sah die Sonne untergehen,
des Lichtes Reste am Himmel,
die Wärme ihrer Strahlen,
bewahrend für das Dunkel.

Sah die Schatten sich bewege
gekommen ihre nächtliche Zeit,
Herrscher über das Dunkel,
Verschlinger des Tages.

Sie schlichen in den Kanten,
sprangen von Gasse zu Gasse,
bereit zu übernehmen ihr Revier,
zu quälen und zu jagen.

Unbekümmert ich nun schlenderte,
nur meidend das Dunkel,
wer das Licht sich nicht bewahrt,
läuft Gefahr, verschlungen zu werden.

Ihre Klauen nach mir streckend,
Geifer ihrer scharfen Münder,
Gift in des Opfers Blut,
Kreischer ihres Hasses.

Anderer Wanderer sie habhaft,
zerren ihre Beute mit sich,
verwunden tief, spucken aus,
Wehe, wer ihnen verfällt.

Können mich berühren,
nicht jedoch vergiften.
Ist doch das Licht,
was mich lockt und verführt.

Wege in die Nacht,
leicht zu gehen,
Pfade zurück ins Licht,
im dunklen schwer zu sehen.

Das Leben

Der Blick

Es ist der Blick, so sagte sie mir,
der Blick, der uns trennt und auch verbindet.

Es ist die Vergangenheit, die man uns nahm
und die Vergangenheit, die man uns vorgab zu geben.

Bilder sind geblieben, aber keine Erinnerungen.
Erzählungen, aber keine Worte.

Misstrauen gegenüber uns Nahestehenden,
auch die Zukunft nahm man uns.

So geben wir vor etwas zu sein,
ohne es sein zu können, bis wir es gefunden haben.

Nicht das Ziel allein reicht,
der Weg ist das Entscheidende; unser Weg.

Verbaut durch Mauern, die wir schon längst
überwunden geglaubt haben,
deren Einreißen Schmerzen bereitet.
Schmerzen, die man sieht,

Es ist der Blick.

er Blick 2

Es ist der Blick,
der uns verbindet.

Die Tiefe, das Feuer, der Schmerz,
sie strahlen aus Deinen Augen. Wut.

Die Erinnerungen, die sie uns nahmen,
die Zukunft, wie wir sie uns nehmen. Verlust.

Obwohl wir es nicht wollen,
leben wir sie nach. Leiden.

Und zeigen wir doch unsere Gefühle nicht,
brennen sie uns aus. Leere.

All unsere guten Gefühle,
altern und verwelken. Erinnern.

Unsere Hoffnungen, unsere Ziele,
verlieren sich auf dem Weg. Trauer.

Liebe, die wir erfahren,
verblasst vor unseren Gedanken. Angst.

Doch den Pfad wählen wir,
nicht die Kontrolle verlierend.

Es ist der Blick, den ich so kenne,
abzulegen ihn, kann ich dir helfen. Vergessen

W as ?

Ein Prickeln, leis und zart, breitet sich in mir aus.
Muskeln lachen, Nerven zittern, mein Herz beginnt zu schlagen.
All die Fäden meines Lebens, verknotet und verwirrt,
fangen an zu vibrieren, gleich Schlangen im Tanz.

Was ist es nur, was treibt mich an ?

Ein Licht erstrahlt an einem Ort, den versteckt ich glaubte.
Auf meinen Sinnen gleitend, seh ich den Riss in den Mauern.
Stark und fest waren sie, hielten Jahre des Krieges aus,
Waffen jeglicher Größe prallten daran ab.

Was ist es nur, was löst sie auf ?

Meine Gedanken schweifen ab, genießen das Licht,
das Auto fährt sich selbst, Gespräche beginnen zu fließen.
Ein Lächeln findet sich auf meinen Lippen, wird gesehen.
Nicht schlafend und doch träumend liege ich in der Nacht.

Was ist es nur, was lässt mich schweben ?

Körper, Seele und Geist beginnen ihren Reigen, ihren Tanz,
streben gleich Sternen am Himmel sich zu ordnen.
Lang schon ward er vergessen, dieser schöne Reigen,
doch er schlief nur, war nie Tod.

Was ist es nur, was eint sie wieder ?

Die Schwärze tiefster Nacht

Düster wurd die Nacht, legt mich zur Ruh,
da riss mich empor ein Schrei.
Doch fand ich mich nicht mehr in meinem Bett,
sondern stand vor unserem Tor.
Am hellen Tag durchs Tor hindurch,
gar nicht verwirrt ob des Gefühls.
Zehn Meter schwerer Schritt voll Qual,
trieb es mich weiter vor.
Da ertönt erneut der Schrei vor mir,
gebannt blickt ich ihm hin,
als heraus sie kamen zu zweit gerannt,
mit Grauen in den Augen.
Und hinter ihnen dann quoll hervor,
die Schwärze tiefster Nacht.

Welch Panik über meinen Körper kroch,
mit Kälte in dem Geist,
stolperte ich zurück zum Tor,
und fiel dann hin in Angst.
So schreckte ich im Bett empor,
mit rasend schnellem Herz.

Nur düster war die Nacht, sonst nichts,
und draußen tanzt der Alb.

Ich wollt...

Kobolde, Elfen und Feen tanzten im tiefen Wald bis in die Nacht,
wenn der Mond auf die grünen Lichtungen schien.
Ritter, Magier und Drachen kämpften um Ruhm und Macht,
dem Tod und Bösen in der Schlacht Einhalt gebietend.

Was hätte ich gegeben, Teilzuhaben an diesem Treiben,
was wünschte ich mir selbst einmal zu leben.
Es waren meine Träume zu gehen, nicht hierzubleiben,
zu fliehen und nicht verweilen in dieser Welt.

Am blauen Himmel zog einsam ein Flugzeug seine Kreise,
wohin auch immer es auf seinem Pfade fliegt,
den Weg über die Wolken zeigt es auf seine Weise,
trägt es seine Fracht in ferne Länder.

Was würde ich doch geben, zu sitzen in ihm drin,
über die Flügel hinaus zum Boden zu blicken.
In Gedanken nicht gebunden und nicht wie ich bin,
zu reisen und nicht bleiben in dieser meiner Welt.

Mit Lasern und mit Lichtschwertern reisen sie umher,
zu Sternenstaub in fernen Galaxien ihr Schiff sie führt.
Über wilde Wasser ohne Hoffnung auf Wiederkehr,
mit fremden Wesen durch Freundschaft verbunden.

Was täte ich, könnt ich einmal zum Monde fliegen,
um den Mars herum oder bis zum nächsten Stern.
Und sollt ich doch alles dies auch niemals kriegen,
meine Sehnsucht, die geht doch niemals vorbei.

 **Der Mann**

Alt, klein und grau ist er geworden, so sitzt er mir gegenüber.
Lächelnd, wie er sich immer gab, waren andere dabei,
schaut er meinen Kindern beim spielen zu.
Er kennt sie nicht und sie auch nicht ihn, ich bin froh darüber.

Steif geht er neben mir her, einen Stock in der Hand,
reden belanglos, weil ich nicht reden will.
So viele Jahre sind vergangen, doch vergessen kann ich nicht.
Er kennt mich nicht mehr, doch ich kenne noch ihn.

Die Wut ist nicht mehr, schon lang ist sie versunken,
doch treibt mich noch immer die Erinnerung an.
Sehe ich doch das er nicht gelernt, sein Stolz, seine Kälte,
er erkennt sich nicht und will sich auch nicht sehen.

Glücklich

Mit einem Lächeln, ein Strahlen über das ganze Gesicht,
liegt ihre kleine Hand in meiner.
Bei der wilden Fahrt im Karussell halte ich sie dicht an mir dran,
sie schaut mich an mit großen Augen und sagt: "Das war wild."
Des Abends legt sie mir ihre kleinen Arme um den Hals,
und flüstert mir leise ins Ohr "Ich hab Dich lieb."

Wenn wir Abends im Bette liegen, ganz nah beisammen,
und ich frage ihn nach seinem Tag,
so sagt er zu mir mit leuchtenden Augen "Ich bin der stärkste!"
Dann zieht er meine Nase zu seinem Ohr,
greift mir in die Haare, drückt fest zu,
und mein Herz hört ganz leis "Ich hab Dich lieb"

In einer Höhle tief im Garten, hinter Sträuchern gut versteckt,
erzählen wir uns zusammen Geschichten.
Von Sauriern, Piraten und Mutanten, von den Rittern,
mit denen er spielt,
Und liegt er abends in seinem Bett, mit Comics auf dem Schoß,
so stehe ich davor und schaue ihm zu,
nehme ihn mal in den Arm und sag "Ich hab dich lieb"

 efrei mich

Gefangen in einer Säule aus Tränen und Blut,
gefroren in den Farben einer grün roten See,
starr stehend seit Äonen, stützend die Decken der Welt,
ist gefangen mein Herz in der dunklen Nacht.

Besucherin, die du den Weg in diese Höhle fandest,
musst nun Suchen den Pfad zu meinem Herz.
Nicht mit Gewalt ist es zu entreißen,
nicht mit Schmerz oder auch wilder Kraft.

Deine Wärme, die Tugend und die Sonne
kann den Block zum Schmelzen bringen,
befreien mich aus dieser tiefen Qual.

Zum Dank will ich dir schenken,
einen Teil meiner selbst für immerdar.

Doch gib Obacht ob der Kraft, die ich Dir gebe,
missbrauchtest Du diese auf Deinen Wegen,
so wird die Wärme kühlen, die Sonne verglühen.

Und verbrauchtest Du auch diesen Rest,
wird der Teil, den ich Dir gab,
erkalten und vollends erlöschen.

Zurückkehrend in die dunkle Nacht, verschlossen und gefroren,
muss es dann warten, auf die Ankunft eines neuen Lichtes.
Und all die Mühsal ward umsonst, denn auch Du
müsstest erkämpfen erneut den Weg
oder ziehen Deines Pfades,
erleichtert um der Last meiner Gabe.

Schmetterling

An einem lauen Sommerabend saß ich
zwischen Blumen und Gräsern und sah
im Schatten eines Baumes den Vögeln beim Spielen zu.
Dann kamst Du in mein Feld,
leuchtend all Deine Farben zeigend
und ließest Dich vom Winde treiben.
Tanzend auf den unsichtbaren Wellen des Windes,
zeigst Du allen, die Dich schauen,
die Freude Deines Lebens, Deiner Freiheit.

Wie ich Dir so zuschaue,
wird mir warm ums Herz, genieße mit Dir
den Tanz über die Blüten, mal hier und dorthin,
der Blüten Nektar kostend ohne Dich zu belasten.
Und kam ein zweiter Deiner Art in Deine Nähe,
so stiegst Du auf in einem wilden Reigen,
umeinander kreisend und auch berührend.

Doch kam eine Bö, so trenntet Ihr euch,
und zurück kehrtest Du zu den Blütenkelchen.

Gern hät ich Dich von nahem gesehen,
die Pracht Deiner Flügel auf meinem Arm gespürt.
Mit Deinen Augen die Welt geschaut
und unbeschwert in den Tag gelebt.
Doch zu gern lebe ich mein Leben
auf die von mir gewählte Art.
So werde ich Dir zuschauen bei Deinem Tanz,
bis der Abend den Tag verdrängt,
und hoffen Dich morgen zu fangen
in meinem neu gespinnten Netz.

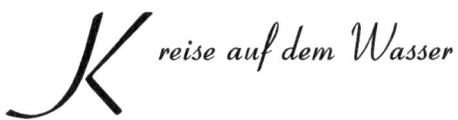

Kreise auf dem Wasser

Zwei Steine, geworfen in einen Teich,
woben Kreise rings um sich herum.
Vor langer Zeit nun schon, trafen sich die Ringe,
verwoben sich zu einem neuen Muster.

Drei Steine warfen wir,
beobachteten dann ihre Wellen, ihren Weg.
Sehen wie sie größer werden,
und gaben ihnen den Platz zum Laufen.

Doch die zwei Steine,
die den Ursprung bildeten, sind versunken.
Ihre Wellen, nach Zeiten heftiger Turbulenzen,
laufen auseinander, trennen sich jetzt.

Um die Zukunft der drei Ringe,
habe ich, der die Steine warf, Angst,
denn ihre Wellen sollen ungestört verlaufen,
bis auch sie alt genug, an einem Teich zu stehen.

Nicht zurückzudrehen ist die Zeit,
versuchen können wir nur,
unsere Fehler nicht weiterzugeben
Versuchen Ihnen zu zeigen, dass wir sie lieben.

Ein weicher Hauch...

es findet sich...
im sanften Hauch einer Frühlingsbrise,
in der Wärme des aufziehenden Sommers,
in der Glut der tiefsten Sommerhitze,
in der Kühle des nahenden Herbstes,
und auch in des Winters tiefstem Schnee...
Wärmen will ich Dich, denn zum Zittern bringst Du mich.

ein Funken Hoffnung...

Ein kleiner Ball
aus reinstem weißen Licht,
gleich einem Ei,
nur vollkommen rund.

So schwebt er im Nichts
des Raumes ohne
sichtbaren Halt, und doch
hält ihn etwas fest.

Keine Strukturen zieren ihn,
gleich milchigem Glas
dringt doch Licht aus ihm heraus
und erhellt die Dunkelheit ringsum.

Risse gleich Narben vergangener Zeit,
gekittet, aber nicht verheilt,
überzogen ihn und trübten die Reinheit
seines Wesens aber nicht seines Lichtes.

Ein Funke beginnt zu glimmen,
eine Wärme, lang Zeit schon nicht gesehen,
beginnt zu Einen was brüchig schien,
zu reinen die Schlieren.

Eine Sonne, geboren aus einem Funken,
löscht aus die Dunkelheit, vertreibt,
was sich im Dunkeln verbarg,
ein Feuer so rein wie der Ewigkeit ersten Blicks.

# Zweisamkeit

Meine Finger, in einer Spirale sich bewegend
deinen Bauch berührend
bis Deine Haare sich stellen.

Meine Lippen, die Deinen immer wieder streichend
versuchen sie zu erweichen
bis sie beginnen mich zu fordern.

Mein Mund, die Läppchen Deiner Ohren findend
küssend sie zu wärmen
bis Röte Deinen Körper erreicht.

Meine Hände, Deinen Körper sie erforschen
gleitend über Deine Haut
bis alle Deine Glieder weich und zart.

Meine Wärme, in Dir Du sie spürend
ruht zunächst ganz schwach
bis Dein Körper sich mit mir bewegt.
...Zweisamkeit

Das Meer

Bewegungslos, fast schon toten starr
liegend auf einem Meer aus Salz
geboren aus Millionen Tränen
starre ich zum Himmel empor.

Nur selten mein Ausblick der Monotonie
sich trübt durch dunkle Wolken
Gebilde der Naturgewalten Kraft,
Stürme, meine Starre nicht durchbrechend.

Wellen haushoch schäumend
stürmten auf mich ein.
Zu versenken sie versuchten,
doch das Meer aus Salz mich trug.

Der Sturm verging, Schaum noch trieb
als in einem Augenblick der Ruhe
eine kleine Welle nur mich drehte
meinen Blick in die Tiefe verschob.

Salz in den Augen, tränenden Blickes
Verschwommen zunächst, dann doch klarer
das Leben sich zeigte in voller Pracht
leuchtend heller als des Himmels Licht.

In all dem Treiben, Schwärme des Lebens,
ein goldenes Leuchten zog auf sich mein Blick.
Hob ab sich von all den anderen,
prächtig an Farben, sich seiner Selbst bewusst.

Gebannt ob des Anblicks, tauchte ich ein,
versuchte zu erreichen, was mich hier anzog.
Doch kaum kam ich nah zu ihm heran,
entzog es sich durch schnelles Drehen.

So ging denn nun das schnelle Spiel,
kaum kam ich an, war es schon fort.
Und als schließlich heran es mich ließ,
ob der Schönheit staunend, starr ich blieb.

Zuviel Angst, nicht wagend zu berühren,
und genoss doch die Nähe, den Wunsch
zu spielen, unbekümmert, als wären wir gleich.
Immer in Furcht zu verlieren, zu verletzen.

Zu tauchen es mich lehrte, zu bewegen
in des Lebens Tiefe, wo starr ich war zuvor.
Zu lieben seine Art, zu begehren,
was unerreichbar und doch so nah.

Prustend schoss ich hoch, keuchend
Luft in den Lungen brauchte ich noch,
um sofort wieder hinab zu gehen,
auf der Suche erneut nach Dir,
...der Königin der Meere

Zwei letzte Tage

Chaos in Wellen durch mein Leben fegt,
verdecktes hoch spült, verdreht, verwindet
Steifes an der Grenze zum brechen
Nerven so dünn, kaum noch zu sehen.

Puzzlestücke, zerrissen das Bild,
im wilden Haufen in einem Karton,
Bilder, hochgenommen, wirbeln
Erinnerungen die auch schmerzen.

Stück für Stück verpackend mein Leben
Schleppend der Jahre Last
Leerend den Rastplatz meiner Ehe
Auf dem Weg in etwas neues.

Blickend auf die weiße Wand
Wo gerade standen meine Bücher
Tapeten nur noch hängen in Fetzen
Was einst mein Raum hier war.

Tränen meiner Tochter
Zeigt sie mir nicht und doch,
Mut will sie mir nur zeigen
gelingt es aber nicht immer.

Schwer noch diese letzten zwei Tage,
dann schließt sich die Tür,
mein Haus nicht mehr mein Leben
etwas neues wird beginnen.

Verloren

Illusionen wohin man schaut,
Spiegel die falsches zeigen.
Wehe dem, der sich verfängt,
in seiner eigenen Pracht,
seiner eigenen Welt.

Augen leer, dreht sich der Kopf
nach Geräuschen,
die kein anderer hört.
Erinnerungen in Bildern,
gemalt vom eigenen Wahn.

In den Arm nähm ich Dich,
würdest Du mich fühlen.
Doch, nichts
kann Dich mehr holen
aus dem Strudel Deiner selbst.

Ein letztes Mahl

Hier und doch nicht hier,
nicht mehr.
Ein Gefühl der Fremdheit
das mich treibt,
mich fliehen lässt,
doch ich blieb
bis Schlaf die übermannt
um deren Willen
dieses Spiel ich spielt.

Ruhe
habe ich nun,
zurückgekehrt zu mir.
Frieden
wird noch brauchen
bis er eingekehrt.
Einsamkeit
keine Last,
sondern Erlösung.

er Duft

Meine Nase mich führt
an so manchen Ort.
Mein Magen dann knurrt
wenn's gar köstlich riecht.

Doch mancher Zeit
auch Warnung sie gibt
wenn Tränen in den Augen
statt Lieblichkeit sie trifft.

In diesem Fall jedoch,
Schwäche in den Gliedern,
was könnt es sein,
Betäubungsmittel ?

Nein, zu fein und rein
meine Nase gekitzelt.
Mir zittert die Hand
komm ich näher der Quell.

Fühlen kann ich ihn
bis in den letzten Winkel
meines Körpers er dringt,
mich verführt, mich schwächt.

Mit den Augen erblickt
ich sie in voller Pracht.
Das Verlangen in mir
nun vollends erwacht.

Bis nicht mehr halten
ich kann meinen Drang,
die dünne Hülle ich entfernt
und Dich ganz verschlang.

Narren dieser Welt

Die Sonne am Rande stehend
sieht man sie tanzen
auf den Gräbern all der Toten.
Narren dieser Welt
froh sind sie, nicht ihren Namen
auf den Steinen zu finden.

Licht, Farben kombiniert
staunend stehen und sehen sie,
nennen es schön und Kunst.
Narren dieser Welt
drehen sich um und
lachen insgeheim.

Reden und schreiben viel,
kommentieren und bewundern
in Worte gefasste Lügen.
Narren dieser Welt
hoffen sie doch für sich
man sei ehrlich mit ihnen.

Narren, oh ihr Narren,
niemand gefeit nicht tanzen zu wollen
und zu spät folgt die Reue
in eurem Teufelskreis.

In Andenken an den Jahreswechsel 2004, als in einem Internetforum
Mitleid für Flutopfer geheuchelt wurde.

u fehlst

Salziges Wasser auf meiner Haut,
unbekannt woher es kam,
rinnt zum Boden.

Worte wie Messer Dich zerschnitten
bis in dein Innerstes trafen
mir unbekannt warum.

Beide sind wir wie schwarz und weiss
können nicht sein allein zu zweit
nicht wissend wieso.

Lösen Sperren beim anderen auf, tiefe
haben so etwas seltsames gemein,
und auch wieder nicht.

Kann nicht sagen woher. wieso, warum
kann nur fühlen was,
der Grund bist Du.

 uhender Teich

Blutrot steht die Sonne am Horizont
zeugt vom Beginn eines neuen Tages,
so ruhig sie dort vor mir steht,
mir doch ihre Ruhe nicht gegeben.

Den Wind um mich streichen lassend
meinen Blick über den Horizont
gibt mir die Ferne keine Stille
tosender Sturm in und um mich herum.

Verschließe mich, tauche ein
in die schwarze Leere, versinke,
Flucht vor dem Sturm.
Hoffnungslos.

Hilflos sehe ich zu,
gezogen vom Sog
verliere meinen Weg
im rasenden Tempo.

Ruhender Teich
so lang nicht gesehen
sehne mich nach dir
auf Stunden der Stille.

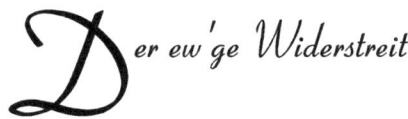

Der ew'ge Widerstreit

Widerstreit,
herrscht zwischen Kopf und Herz.
Nicht einig,
wollen sie doch das Gleiche,
bei dir sein.

Meine Hände,
die danach streben zu berühren,
haben Angst
vorsichtig sich zu erhoffen
bei dir sein.

Körper,
Gewalt des Herzens dich beherrscht,
meine Stimme,
gesteuert durch diesen Kopf
sich nicht traut.

Freundschaft
ist der Preis zu verlieren
Wärme
wär der möglich Gewinn
und auch nicht.

Widerstreit
herrscht zwischen Kopf und Herz
zu lösen
ich nicht recht bereit,
doch ich will

rschlag das Tier !

Mit großen Augen sah sie mich an,
Tränen und Hoffnung spiegelten zugleich,
erzählte mir von ihrem Traum,
ihrer Art zu verstehen.

Am Meeresrand sie stand,
sah das Tier, genannt Krebs,
entweichen aus Deinem Bauch,
frech die Scheren hebend.

Sie lief zu ihm hin,
wollte ihn halten, hindern
erneut sich zu entwinden,
einzutauchen in Dir.

Doch nichts was sie tat,
brachte Erfolg, gar Rettung,
zu stark war das Tier,
Dich hatte in seinem Griff.

Ich nahm sie in den Arm,
wischte hinfort ihre Tränen,
lächelte ob ihres Traumes
denn zu gern würde auch ich

...erschlagen das Tier

Rückblick

Ich liebte und ich vergaß,
gab auf unter Schmerzen,
verlernte, starb und lebte dennoch.

Gefühle zwischen Liebe und Hass,
Zug durch hohe Berge
mit all seinen Höhen und Tiefen.

Worte, scharfe Schwerter,
blutend schwarze Wunden
bis eintrat des Todes Stille.

Blind, taub, stumm,
zerschlagen unsere Körper lagen
erstarrt in Monotonie.

Bis des Lichtes letzter Funken
schlug ein in unsere Herzen,
erweckte neu zum Leben.

Nicht für, gegen oder mit
noch Fäden sind erhalten
andere Pfade zurück ins Glück.

 rieger

Breitbeinig steht Ihr da,
Augen zu Schlitzen,
Muskeln gespannt
Blut von der Spitze
Eurer Schwerter tropfend.

Krieger,
Narben Euren Körper zieren
Wirken in Eurem Kopf
Schmerzen vergangener Schlachten

Macht frei Euren Kopf
Denn Eure Raserei
Schon längst ihr Ziel verloren
Schwerter, nur noch durstig nach Blut
Schneiden blind durch alles Fleisch.

Krieger
Alles Ihr verloren
Keine Ruhe
Bis zu Eurem End.

 Dornengestrüpp

Zart ziehe ich die Linien
auf Deiner Schulter nach.
Dornen, verwunden und verbunden
beginnen für mich zu erblühen.

Ihr Labyrinth
lässt mich versinken,
ihr Duft
mich tief betört.

Mit meinen Lippen
küsse ich jede der Linien
in ihren Dornen
ich mich längst verfangen.

Eingefangen
von Dir

Alle Sinne

Fühlen möchte ich Dich,
wenn Du Dich mit mir bewegst.

Schmecken das Salz Deiner Haut
auf meiner Zunge es brennt.

Den Duft Deiner Haare,
nehme ich riechend in mir auf.

Sehend und wissend
versinke ich in Deinen Augen.

Meinen Kopf an Deiner Schulter
höre ich Deinen Atem.

Alle meine Sinne
ausgerichtet Dich zu spüren.

Bildnis

Bildnis, Du hängst an der Wand,
schaust mit Deinen warmen Augen
auf alle die, die vor Dir stehen

Das Funkeln, der Schalk,
nur für jene sichtbar, welch' betrachten
und nicht hasten hier vorbei.

Früchte des Lebens,
die trägst auf Deinem Arm,
zu nähren, den Du liebst.

Glücklich, wer Dich hat,
kann betrachten, geben und nehmen
denn gleiches tust auch Du.

Sturmzeit

er Sturm

Am Tage zuvor schien noch alles ruhig,
sanft und leicht brandeten die Wellen,
an den Strand, im Kampf mit den Krebsen
ständig versuchend sie ins Wasser zu ziehen.

Weiße Fetzen überzogen den Himmel
fegten hinweg das Blau, trieben die Möwen
Ihre Rufe, drängend, ertönten am Strand
Aufgeregt sie auf den Winden tanzten.

Weit draußen Gischt auf den Wellen
Einhörner, die zu entrinnen versuchen
Rasend schnell auf mich zu sie kamen
Offenen Auges blickte, erwartete ich sie.

Einsam nun der Strand, hinweg alles Leben
Stehe ich bereit, umarme den Sturm
Seine Kraft fegt durch mich hindurch
Die See sich reinigend, wie auch ich.

Salz auf meiner Haut, Gischt meterhoch
Begrüße seine Gewalt, seine Macht
Unberührt bin ich, nehme ihn auf,
den in meinem Herz brennt ein Licht.

Letzter Atemzug

Kalt Deine Hand,
ist sie nun.
Ruht, friedlich
und doch gezeichnet
Dein Gesicht.

Nur Minuten zuvor
ich noch bei Dir war.

Zu spät,
um bei Dir zu sein
als Du gingst.
Zu früh,
als Du gehen
bereit warst.

Jahre verschenkt,
intensiver die Minuten,
die ich noch verbringen durfte.

So hielt ich Deine Hand,
langsam erkaltend,
Tränen, die Wangen fließend,
Glück um der Ruhe
die Du erreichtest.

Träume mit meinem Kuss
den ich Dir gab als Abschied.
Ein neuer Stern am Himmel
mit Deinem letzten Atemzug.

Geschichte

Ihre Geschichte, jahrelang
bat ich Sie um Erzählungen
um zu Schreiben, zu Lernen.
Fragmente, Puzzlestücke,
gleich denen meines Lebens.

Geboren in Berlin,
aufgewachsen in Brasilien,
gelebt und gelitten hier.

Tränen meiner Tochter
ich konnte sie heute nicht stillen.
Schmerz aus kalter Asche,
ich ihn noch erwarte,
zu sehr ich kenne sie.

So vieles, was ich
noch gerne gewusst
muss nun bleiben im Dunkel,
Schatten der Vergangenheit
nie erhellt durch Kerzenlicht.

So läuft ihre Geschichte nun aus
Schmerzen ihrer Mutter zu Beginn,
ihrer Kinder am Ende.
Kreisel des Lebens
läufst nun aus.

Was Ihr zählt

Schmerz rast in Spiralen
durch meinen Körper,
drängt, lautlos zu schreien.
Fleisch, was dem Geist folgt.

Die Ruhe, die Du erhieltest
uns nicht gegeben, zu sehr
schwemmt die Vergangenheit
uns hinfort, keine Gegenwehr möglich.

Auf einen Schlag ist vieles wieder da.
Dämme gebrochen, Kampf, Leben, Tod,
zeigen sich Wesen, nie verändert,
doch so verdrängt, das es nicht weh tat.

Erinnerungen im Herzen
sind das was zählt.
Etwas was weiterzugeben
wir in der Lage sind.

Nicht das, was Ihr meint
Nicht was Ihr zählt

Kleine Tücken

Sturm, ich sah dich kommen,
fest mein Stand, so dachte ich.
Tücken, mich des Haltes beraubend,
gäbe es nicht Dich.

Nicht die großen Wellen
lassen mich den Halt verlieren,
kleine tückische Strömungen
reißen hinfort meinen Stand.

Salz auf meinem Gesicht
nicht wissend ob der Gischt,
kralle ich mich fest, wissend
es wird nicht das letzte sein.

Spiegel

Spiegel, der Du vor mir stehst
Zeigst Bilder, die ich nicht versteh.
Schlieren, Worte, tief sie treffen,
lösen aus, dass ich in mich geh.

Warum nur zeigst Du mir nie
Was tief in Dir versteckt.
Zu graben ich nicht mich trau,
welches Biest da die Zähne bleckt.

Unruhe

Unruhe erfasst mich.
Sehe die Wolken ziehen,
ähnlich, wie es auch mich
zum Laufen bringen will.

Ruhe an solchen Tagen
ist mir nicht gegeben.
Jeder Nerv des Körpers vibriert
nicht wissend wohin sie wollen.

Zur Ruhe, Einsamkeit es mich treibt,
geisttötende Tätigkeiten dämpfen
des Geistes Drang zu rennen,
wenn der Wolf mich überkommt.

Verzeih, ich muss für heute gehen,
brauch Wind in den Haaren,
nehme mit Deinen Duft,
damit ich Morgen find zurück.

 ehnsucht

Zarte feine Linien,
durchscheinend, kaum sichtbar,
im Glanz der Sonnenstrahlen.

Bewegen sich unmerklich
schleiergleich in Wellen
im Hauch eines Windes.

Hier und dort verfangen
ihre Enden sich im Leben
fangen und umschlingen.

Verfolge ihren Weg,
nehme in die Hand,
fühle ihre Kraft.

Stillstand nur für den
der sie nicht hat,
sie bewegen mich voran.

Was ist was wert?

Blinkend sie am Himmel stehen
mit meiner Hand greife ich empor
umfasse und nehme sie mit mir.

Worte, die ich zu Blumen flocht,
gebunden in bunten Sträußen,
fülle sie in einen großen Korb.

Schönste Früchte dieser Erde,
grabend bis zu den tiefsten Wurzeln,
gereinigt und poliert trage sie hier.

Und doch, all das nicht wichtig,
werfe hinfort, nehme mein Herz
und schenke es Dir.

Verdeckte Waffen

Einst offen geführter Kampf,
Felder der Schlachten,
mit Schwert und Axt
sie sich gegenüber standen.

Finten und Täuschungen
wurden mehr auf diesem Pfad
Guerillas, leise Kämpfe
Gifte übernahmen die Macht.

Was nun verblieben ist kalt
Taktiken und harter Stahl
versenkt in dunklen Schatten
in des Gegner weichen Bauch.

Wahl der Waffen

Hey Du, leg doch bitte die Nadel zur Seite.
Vielleicht doch lieber das Messer, den Dolch oder Schwert ?
Nein, Pistole, Gewehr und Kanonen sind viel schöner.
Oder gehe hin und nutze Napalm, Bomben und Granaten.
Feuer der Sonne, löscht aus jedes Leben, jedes Sein
Bis Asche verbleibt, nichts mehr sonst.

Doch die schrecklichste aller Waffen dieser Welt
Solltest Du niemals, jemals versuchen,
die Liebe zum Blute meiner selbst.

Wählend den Weg

Was ist es nur,
was zeichnet mich aus ?
Nehme es hin,
gebe Euch den Weg.

Liege ich recht,
liege ich falsch ?
Bin ich Licht
oder nur Stein ?

Liebe zu Euch,
vom Dunkel in den Tag.
Nehme auf das Leid,
bereinige den Weg.

Weiss nicht was für mich
denn Leid mich prägt.
Akzeptiere wer ich bin,
welch Weg sonst bleibt ?

Schrieb mal über Dich,
denn ein Stück meiner selbst,
wünscht zu sein wie Du,
flatternd frei im Wind.

Wut Deiner Seele

Wut in deiner tiefsten Seele,
Schwärze eines unendlichen Abgrund
die tiefe Macht der Sinne.
Angst um derlei Kraft,
Einsamkeit der Schild vor dem Feuer
zu Asche sonst verbrennt
des Kernes labile Schale.
Es verfolgt des einen Leben
Schatten, von Dir selbst geworfen.
Renne, doch kein Weg
weit genug, das am Ende nicht
die Klippe steht zum Sprung bereit.

Lebens Kreislauf

Trotz des hellen Sonnenlichts
Meine Augen sehen nur das Schwarz
Dunkelster Nacht
kein Schimmer mehr durch dringt
Schwaden endlosen Nebels , der schleicht in meinen Gedanken.

Gegangen auch Du meine Schwester,
Fort. unerreichbar

Zweifel , die gleich Ratten in mir nagen
Nähren der Gedanken Düsternis
Ruhender Teich
Des schwarzen Grundes, einladend Du winkst
Mich zu umschlingen.

Licht mich umwebt, bleich, trübe,
Ohne die Sicht mir zu geben.

Schwer die Glieder, vergessen der Grund,
Erschweren das Fortkommen.
Schatten des Lebens
Nicht handelnd meiner Worte, musstest hören
Erst aus anderer Mund.

Wiederholend sich die Schmerzen
In des Lebens Kreislauf.

Warum nur ?

Warum ist er So dumm,
vertraut so sehr um zu lernen,
das Schmerzen schmerzen.

Wieso wiederholt er,
was nicht wiederholt werden sollte,
bangt erneut der Wochen.

Wie viele dieser Male
gedenkt er zu machen.
Zu Sehr Kind,
um ernst zu nehmen
der dunklen Signale

Zu sehr sein Ich, das anders
er handeln könnte. Zu sehr...

Träume

Tanze auf Deiner Spitze,
Drehe mich im Wind
Sonne auf meiner Nase
Wandert der Horizont
Mal über mich , mal unter

Fetzen weißer Flocken
Ziehen übers blaue Meer
Reite auf Ihnen in Gedanken
Zu vergessen der Schwere
Die zu binden mich trachtet.

Bestandteil Deines Schwarms
Schwingen in wechselnden Formen
folge Eurem Frohsinn
Ohne zu verstehen Euren Tanz
Bewundere und lasse mich tragen.

Stimmen reißen mich zurück
Wischen hinfort die Bilder
Vertreiben die guten Gedanken
Wut verbleibt , trauere nach,
Wenn zerfetzt mein Leib,
Ihm entrissen habt Ihr mein Herz.

Das Rad

Das Rad dreht sich,
das Wasser fließt,
Sand der ewig fällt.

Gespannt auf das Rad,
Unsere Knochen gemahlen
Genau zu dem Sand
der Korn um Korn fällt.

Zu Zeiten wir werden gestaut
Ein Fluss, der wird zum See.
Schnellen überwunden,
Trägheit, die nun herrscht.

Der Damm gebrochen
Schnell schoss die Welle
Riss hinfort die Stücke,
Welche blockierten.

Klar das Wasser
Reinigend die Wirkung
Schlamm entfernt
der mir nahm die Sicht.

Und doch,
Selbst der Blick auf den Grund,
Verwehrt mir den Weg,
wohin mich mein Herz treibt.

Zeigt mir nur wo ich bin,
Nicht aber, was noch kommt.
Schön war die Ruhe, kurz,
habe sie genossen.

Doch Korn für Korn
fällt der Sand,
fließt der Fluss,
lebe ich mein Leben.

 egen der Seele

Zirruswolken kamen zunächst, gefrorene Feuchte
Gebunden in des Herzen Kälte, Anzeichen der Angst.
Beängstigend die Stille, wütete der Sturm woanders.
Blieb doch die Ankündigung, mir ständig im Gedächtnis.

Erinnerungen kommen hoch, treiben Tränen um des Verlorenen,
Bilder eines kleinen Lichtscheins in einer dunklen Zeit.
Verlust begleitet von Schmerz, beginnt zu diktieren.
Und es verbleibt das Wissen um der Unvermeidbarkeit.

In der Dunkelheit der Nacht erstrahlt erneut das Licht,
Wärmt unser beider Herz, schmilzt kurz das Eis.
Doch selbst in diesem Moment des Glückes
Beginnt der Regen schon zu fallen.

Er fiel schon,
erfuhr ich heut,
zuvor.

Tropfen aus der Seele
wodurch auch getrieben.
Hoffe ich auf den Regen
ohne zum Sturm zu werden.

Entstandene Leere

Deine Wärme des Nachts
nicht mehr vorhanden,
hängt mein Herz
schmerzlichst vermisst.

Erinnerten wir uns
sehnsüchtig zurück.
Dachten der Zeit
als Glück uns verband.

Jederzeit für Dich da,
doch Mauern vorhanden,
trennten uns ungewollt,
so verbleibt die Hoffnung.

Warten auf bessere Zeiten,
bis Freiheit entscheidet,
Gefühle verebben,
Falschheit dann verblasst.

Puppenspieler

Dünn und messerscharf, Verbindungen einst gespannt
schnitten rot, tief ins Fleisch.
Je nach Laune des Puppenspielers
tropften Blut und zuckten Glieder.

Verlorene Kontrolle, aus eigenem Willen,
gelockert die Ketten, Freiheit erlangt.
Fäden rutschten aus steifen Fingern
nachlassendes Interesse gab Luft zum Atmen.

Nachgreifen, hastig, denn plötzlich ungewollt,
begann die Puppe frei zu leben.
Ein Messer gezückt, zerschneidet schnell,
Knäuel des Terrors fielen herab.

Nie mehr tanzen nach des anderen Geschmack,
nur noch mit, kreisende Träume.
Nie immer während jemanden zum Tanzen zwingen
denn selbst gelernt diese Qual.

Azur blaue Welt

Tauche ein in die azurblaue Welt,
Bewege mich unbeschwert, leicht
Wie selten unlängst zuvor.
Gleite durch das Wasser,
Versuche das Schöne zu erheischen,
Das sich vor mir zeigt, neckisch,
mit mir spielend, doch bereit
zu einem Kuss meiner Sinne.

Der Tanz gleich verspielten Delphinen
dauerte an, bereinigte mein Herz,
Entscheidungen verfallen, hinfort,
Da hier nicht wichtig oder erwartet.
Keine Wahl ist notwendig,
denn keiner besitzt oder beherrscht,
Erheische und berühre, küsse,
Um des Strom der Freude Willen.

Lachend erwache ich, enttäuscht aber auch,
Denn wie schön es auch, blieb mir nur der Traum.
Doch die Freude währte an,
Mein Herz noch immer leicht,
So ging ich in den Tag,
Erwartete erneut des Nachts,
auf das die Mähr mich überfiele.

Ungewollt

Sah Deinen Schmerz, die Schwärze, die Dich hielt,
Drang vor in diesen Kern, ungewollt und doch auch wieder nicht
Wollt Dich in den Arm nehmen, als die Tränen kamen,
doch traute ich mich nicht, zu sehr Deine Angst um Dich griff.

Sagtest mir sehr deutlich, Wut in Deinem Gesicht,
nicht sexuell zu sehen Deinen Körper, Dein Ich.
Konntest Dir nicht vorstellen, dass Du zwar schön
doch das nicht wichtig.

Hattest nicht verstanden, was mich trieb, nicht nur bei Dir,
glaubtest nur den Lügen und schwarzen Fäden Deines Seins.
Hattest Angst vor den Rissen Deiner Mauern, die ich brach,
berechtigt vielleicht und nicht bewusst gewollt von mir.

Ändern kann ich nicht mehr, wollte gerne sagen und erklären,
doch der Wall schoss empor, himmelweit und unbezwingbar.
So bedaure ich, mutlos gewesen zu sein, zögernd,
kann nicht beheben, was verloren und nur noch Deiner gedenken.

Furcht uns Menschen treibt und auch stoppt,
verschließen kein Weg, auch wenn der Schmerz ausbleibt,
denn frisst die Öde dann von Innen her,
nur eine Leere am Ende ihre Geschichte schreibt.

Unerledigt

Ich will nicht flüchten,
und tue es doch.
Ich will nicht rennen,
doch was bleibt mir noch.

Was auch immer ich will,
nichts was mir bleibt.
Schmerz wohl immer der,
der an meiner Seele reibt.

So vieles noch für mich,
was unerledigt scheint.
Viel zu wenig verblieben,
was meine Seele eint.

Nicht geändert

Sah meine Träume hinfort fließen,
Mich nur dahin treibend.
Sah meine Hoffnungen verwehen,
zerrissen vom Wind der Gleichgültigkeit.

Alles was ich mir vorstellte
Nur in meinen Gedanken verblieb.
Stehen. Verloren, schien mein Weg
Weit entfernten sich meine Träume.

Unerreichbar, Griff ins Leere,
Finger glitten durch Pläne hindurch.
Verworfenes , vieles freiwillig,
Nahm die Sicht, gleich einem Nebel.

Renne nun, Zeit verging
Doch eines sich nicht geändert,
Erreiche, erblicke noch immer nicht
Was einst ich mir erträumt.

Freies Fliegen

Den Berg hinauf, steinig der Pfad
Schleppt Sich ein jeder, Schmerzende Muskeln,
Schweiß auf der Stirn, Qualen aller Glieder,
Blind weiter stolpernd, dem Weg entlang,
Bis Muskeln reißen, doch Grenzen bereits überschritten.

Es endet der Pfad, ein Abgrund, so tief,
das jede Sicht auf den Grund verwehrt.
Wie oft schon ein jeder stand vor diesem Loch,
zu entscheiden, ob Qual durch einen Sprung endet.
Oder ob der Angst vorm Sprung die Qual des Wegs nicht enden soll.

Der Sprung nun folgt, der Fall die Kleidung im Winde bläht.
Das Gesicht verzerrt, der Boden naht.
Im letzten Moment der Verstand besiegt,
die einzige Rettung nicht zerschmettert zu werden,
eine Qual zerbrochener Glieder auf ewig.

Flügel sich entfalten, Federn den Sturz zum Gleiten wandeln,
und auch hier nur der Wille des Bodens Berührung noch stoppt.
Erst dann der freie Flug im ganzen möglich,
erst dann die Erinnerung zum Gewinn gewandelt,
erst dann die Wolken Dein Heim.

Wie oft einst jeder vor dem Abgrund steht, wie wenig als Engel
darauf den Himmel bewohnen.

Drachentraum

Gen Osten erhob sich der dunkle Wald,
düstere Bäume, dunkeln Tannen den Boden,
durchbrochen von des Menschen Mahnmal,
Blutopfer einst tränkten das Land.

Auch ich ging einst diesen Pfad.

Im Westen die hohen Berge,
bedeckt auf immer mit Eis und Schnee,
wachten über des Menschen Schicksal
auf ewig mit eisiger Hand.

Gefroren ich war für lange Zeit.

Im Tor zu den ewigen Ebenen,
thronte der Turm über dem Weg,
bewacht durch einen Drachen, zu verwehren
all diejenigen, die begehrten den Tand.

Ich kämpfte einst und verlor.

Auf nun, dies ist dein Weg,
wähle den Pfad auf deiner Quest,
zu beschreiten du tust nur einmal,
doch falsch zu wählen, keine Schand, nur ich einst zu spät erkannt.

Verloren

Vermisse Dich, vermisse Dich so sehr,
zeigte es nie, zu spät, dass Du es sahst,
hoffe nur, dass einst, wo Du auch bist,
wir uns sehen, in die Arme nehmen.

Ich vermisse Euch, jeder Tag ist schwer,
freue mich auf Ruhe, doch auch bei Euch zu sein.
Hoffe für mich und auch für Euch,
dass einst der Weg wieder frei.

Verloren, was einmal war,
der Geruch, die Umarmung,
doch nicht vergessen.

Dich noch einmal zu sehen,
Deine Hand, die ich hielt,
Euch meine Liebe zu geben,
die Zukunft für mich entscheidet.

Gedanken

Das Licht, es riss mich aus meinen Gedanken,
erinnerte mich an die Welt um mich herum.

Ärger brandete in mir,
war es doch das erste mal.
Eine Lehre, die ich ziehe.
Eine Lehre, speziell für mich.

Kann doch niemand wissen,
was vorgeht tief in mir.
Zu sehr hatte ich gelernt
zu blenden diese Welt.

Fange an zu schwimmen,
reisse mich empor, verwundert
ob der Zeit und der Umgebung
verschwunden und verändert.

Realität und Geist,
Aufgaben zueinander zu führen,
nehme ich für mich mit
um nicht zu verlieren
meine Gedanken.

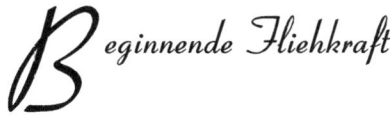

Beginnende Fliehkraft

Schwarz auf Weiss
folge mit dem Finger
der Linie auf dem Papier.

Weich ist der Untergrund,
Fühlend die Fingerspitzen
Widerstand nicht vorhanden.

Das Tempo nimmt beständig zu
kaum noch die Kraft
um in der Spur zu bleiben.

Fliehkraft nimmt Überhand
Widerstrebende Gewalten
nehme mich in die Mitte.

Stop, will nicht rennen,
nicht blind hinein stürzen
in das Loch ohne Wiederkehr.

Spirale, die du mich trägst
auf dem Papier oder im Geist
schwarzes Loch sich dort befindet
der große Verschlinger
wenn Du die Kontrolle verlierst.

Treiben

Blitze und Donner beherrschen den Himmel
unerwartet überfielen sie, nur fern waren Wolken zu sehen.
Hagel erschlug die Blüten des Frühlings
bog die Keime, frisch aus der Erde vom Winter befreit.

Regen setzte ein, Trauer den Himmel verhing.

Wasser umgibt mich,
schmeichelnde Wärme, eiskaltes Nass.
Benetzt mich vollkommen,
Wellen mal mich tragen,
mal nach dem Leben mir trachten.

Lasse mich treiben, kein Ziel für mich
fordern doch die Wellen, zerren
Nicht zu berechnen den Weg,
kein Wille zum Kampf,
nur Warten auf festen Grund

Schwarz im Grün

Träume schlecht, kehre schwer zurück.
Licht wäscht hinweg, Glück und Ruhe nur verbleibt.
Die Zeit der Stille ist vorüber,
der Winter geht, Sturmzeit vorbei.
Saft, der in grüne Knospen schießt,
das Leben neu aufblühen lässt.
Blütenzauber, Farbe neu geboren,
bin bezaubert vom Wald, Sonne in meinem Kopf.
Fühle die Kräfte, die die Welt zu füllen beginnen.
All die Wirbel um mich herum,
stoppen meine Drehung,
zeigen mir das Leben
im Frühling neu beginnt,
wäre nicht all das Grün
von tiefstem schwarz durchzogen.

Worte

Worte werden gesagt, lang gegärt
schäumten so schnell hervor, endlich befreit.
Schmetterling, beginnst zu Fliegen
Tanzest Dein Leben auf den Winden

Insel der Ruhe

Leere, erzeugt aus innerer Unruhe,
begleitet mich, trägt mich voran,
dorthin, wohin ich niemals wollte.

Schmerz füge ich zu, einmal,
doch lieber so als unendliches Leiden
andere zu treffen droht, unschuldig.

Inmitten der Musik, den Menschen,
eine Insel der Ruhe, blendet aus alles andere,
die Gedanken fliegen, denken zurück.

Lebe noch einmal jenes, was wir erlebten
Trauer, Schmerz und Liebe, doch ebenso Gewissheit.
Hoffe Du wirst mich nie hassen.

Wolfszyklus

Wolfskrieger

Auf der Jagd fand ich deine Spuren im Schnee
führten mich zu der Höhle wo du lagst.
Deine Augen, leuchtend grau und blau sagten mir still,
ich habe dich gefunden, du meine Seele.

Durch diesen weiten tiefen Brunnen stieg ich hinab,
erlebte die Kämpfe, die du erlebtes,
immer auf der Suche nach deiner Seele, nach mir.
Auch ich habe mich gefunden, in dir.

So durchlitten wir gemeinsam unsere Taten,
sowohl die Liebe als auch das Dunkle.
Erinnerten der glorreichen Zeiten als wir noch jung,
und genossen die Wärme der Erinnerung.

Doch es wurde Zeit zu gehen, nicht viel Zeit ist geblieben,
wollten wir noch unseren Weg zu ende führen.
Du standest auf, gestützt auf Deinen Speer und wanderst
den Pfad zu deinen Ahnen, Wolfskrieger.

Ich lege mein Haupt danieder, schließe meine gelben Augen,
gedenke und zufrieden ob der schönen Stunden.
Beendet ist nun die Suche, der Kreis ist geschlossen.
Mein Atem ganz ruhig lecke ich die Pfoten und schlaf.

Des Weges Wahl

Wieder einmal stand ich vor des Weges Scheide,
zwischen Licht und Schatten hatte ich die Wahl.
Schon wollte ich ins Licht, da kamst Du zu mir,
Treuer Weggefährte, meine Freude und meine Qual.

Lass Dich nicht trügen vom Licht, sprachst Du zu mir,
denn auf Licht folgt Schatten bis zum Wegesende.
Und fürchte nicht den Schatten, ihm folgt das Licht.
Geh mit mir, leg in mein Fell, Deine Hände.

So ging ich mit ihm hinein in die Dunkelheit,
als einzig Weg seine leuchtend gelben Augen.
Und meiner Stärke zum Trotz, die Geister, die Schwärze
begann an meiner Seele zu laugen.

Doch wie er mir versprach, seine Führung, sein Blick,
gaben mir halt, stützten mich auf meinen Beinen.
Als nach unendlicher Stund das Licht die Schwärze verbannt,
Wendete sich meine Seele wieder zum Reinen.

Wanderers Ruh

Mit kalten Pfoten über die Gletscher des Landes hetzend,
Meilen um Meilen treibt es mich voran.
Längst schon hat die weiße Pracht Ihren Reiz verloren,
ersetzt durch gnadenlose Grausamkeit.

Vorbei ist schon die wilde Jagd, zurückgelassen,
da sie mein Tempo nicht halten konnten.
Zurückgeblieben auch meine Gefährten, meine Leben,
nicht Willens diese Hatz mitzulaufen.

Über schroffe Gipfel mit schwarzen Felsen, Kronen aus Schnee,
wilde Flüsse überquerend, Scholle zu Scholle.
Nicht endend ist dieses wilde Land, endlos der Horizont,
folge ich der Sonne in den tiefen Süden.

Doch den Eiszungen folgend fand ich das Tal und betrat es
zum ersten mal in meinem Trotte innehaltend.
Verborgen hinter Basaltwänden, eingebettet in Eis,
erblühte der Frühling in seiner Farbenpracht.

Ein Land durchfuhr es mich,
warm durch des Drachen Atem,
gewichen das Eis dem Grün.
Blumen trotzten der Welt Kälte,
lebend, nicht tot woher ich kam.

So fand ich den Weg,
hindurch durch dieses schöne Land,
zu einer Höhle, des Drachen Hort.
Meine Neugier trieb mich voran,
hinein in den schwarzen Schlund,

Durch schwarzen Diamant
geschützt lag dort im Kern,
unter all dem Golde,
was Drachen horten,
ein wirklich großer Schatz.

Willens zu ruhen
und wissend um der Wärme,
die dieser Schatz brauchte,
legte ich mich danieder
und gab ihm ein Stück meiner Selbst.

Äonen der Tagwechsel harrte ich so aus,
erwartend des Geschenkes,
als die Hülle brach,
und goldenes Licht verbreitend,
ein Engel die Welt erhellte.

Gen Norden

Rennen, laufen, hecheln,
Schnee in Klumpen von mir spritzt.
Laufen, nie halten
Bis die Pfoten jedes Gefühl verlieren.
Meilen um Meilen,
Wald, Ebenen, Eis,
nichts stoppt oder lässt mich halten.
Fressen, Trinken,
schnelle Bisse ins Genick
nur um zu füllen der Magen Leere.

Immer zieht mich das Licht
Fern am Himmel scheinend
zeigt mein Ziel in der Ferne
meine Sehnsucht zu erfüllen
meinen Hunger zu stillen
gen Norden, treibt mich mein Herz.

Fast im nebenbei,
Schlachten wider das Böse schlagend,
Tod austeilend mit scharfen Zähnen,
kein Bedauern gefallener,
keine Trauer,
hält sie mich nur auf.

Erfüllung,
wenn das Ziel erreicht
wird wärmen mein Fell
heilen all der Wunden.
Zu Füssen der Göttin
Glut das Böse verbrennt.

eiden der Erde

Nebelschwaden, vom nassen Lande
ziehend hin zu den brachen Weiden,
die meine Pfoten betraten,
trugen Trauer in das Land,
verschluckend der Toten Stille
die lagen auf dem kahlen Stücke.

Banner, einst stolz gehalten
zerrissen und tropfend Nass
nicht nur von des Nebels Wasser
hingen schlaff herab, schwer,
auf der Blut getränkten Erde,
gebrochen die einst hohen Lanzen.

Voll Trauer mein Weg mich führt,
hindurch den zerschlagenen Leibern,
die alle vergessen des Stolzes Grund.
Tiefe Stille statt mutiger Lieder,
heulende Geister über leeren Körpern,
meine Seele zum Weinen bringt.

Schlachten, geschlagen aus Liebe Willen
nur Trauer ihnen folgt, nicht Freude.
Ach Menschen, welch Glück Euch gegeben
zu Lieben, zu Lernen, missbrauchen ihr tut
denn Tränen vieler Menschen fließen oft
wenn des einen Glück nicht wird erreicht.

So trauert um Euch der Wolf,
gibt Erlösen den verlorenen Seelen,
nimmt auf das Leid der Erde
um zu bereiten der Boden Früchte
zu erblühen wenn der Frühling naht.
Speere und Knochen der Blumen Rank.

Erhobenen Hauptes führt mein Weg
hinunter von diesem Stückchen Land,
einst schwarz mein Fell, grau ist es nun,
zurückkehren werde ich bald, zu sehen
der Blumen Pracht, der Rose Blüte.
Hinaus in die Welt, wie mein Herz befiehlt.

Wanderers Suche

Gleich Schatten Schwärze
durch die Straßen streicht,
gleich des Winters Eis
Kälte mein Herz erreicht.

So zieht mein Weg
dahin durch ödes Land,
geleert und verwüstet
durch des Menschen Hand.

Zurückgelassen in
eines anderen Wärme,
Sucherin, die du fand's
des Himmels Sterne.

Mein Pfad, Zeitlang
geführt in gleicher Richtung
geändert vor uns'rer
gemeinsamen Vernichtung,

setzt sich nun fort
durch diese schwarze Welt...

Wanderers Suche (2)

Am Rand von Ruinen
einer verbrannten Stadt
Zerstörung, bleiche Gesichter,
die Raben satt.

Schwarze Federn
in einer Spur ich fand,
zerrissen des Engels Flügel,
Blut im Sand.

Gebrochene Schwingen,
herausgerissenes Herz,
in den Erinnerungen
fühlt ich Deinen Schmerz.

Nicht mehr zu heilen
war mir hier möglich,
doch zu halten Dich,
zu schützen auf ewiglich,

mir erstrebenswert genug
das ich blieb....

Wanderers Suche (3)

Das Weiß ihrer Augen, fort
schwarz sie nun sind,
leblos der Körper, gegangen
ist das Himmelskind.

Mit einer kalten Böe
das Federkleid sich hebt
der Wind den Staub verteilt
bevor er langsam zu Boden schwebt.

Mein Heulen die Nacht zerreißt
ist doch mein Herz voller Trauer,
was Kampf zwischen Himmel und Erde
noch für Opfer bringt auf Dauer.

Steife Knochen erhob ich mich
.Schritt für Schritt
..blickte ich nicht zurück
...denn es trägt mich voran.

Mein Ziel noch nicht erreicht
.und zwei Schritt zurück
..der Tod von dannen schleicht.

Begegnung

Ich sah Dich, Krieger des Lichtes,
wie Du stürztest zur Erde herab,
verwoben in das Dunkel der Nacht.

Blut tropfend von des Schwingen Spitzen
schlaff Du sie hängen ließest
zum Fliegen nicht mehr fähig.

Gebunden, geschwächt von Deinem Kampf
geschlagen von messerscharfen Federn,
zerfetzt Deiner Schwingen Pracht.

Ließ doch eines mich innehalten,
glänzt in Dir ein kleines Licht,
zog an mein Auge und Herz.

So zog ich mit meinen Zähnen
heraus den Dolch des Giftes,
der noch steckte in Deinem Leib.

Leckte hinweg die Schwäche
und wärmte dich mit meinem Fell
bis stark genug Du warst zum Fliegen.

Und während Du noch stiegst,
zum Dank Du gabst ein Geschenk,
Licht auf meinem Pfad
...die Dunkelheit vertrieb.

Meine Welt

Gleich Sirenen schossen sie in den Himmel,
schreiend ihr weißes Licht verbreitend.
Ihre Flügel ausbreitend,
kämpfend für das Licht,
sangen sie ihr Lied des Mutes.
Erschrecken fuhr durch meine Glieder,
nicht wissend um der Gesinnung,
ähnelten sie doch zu sehr Dämonen
auf der Jagd nach frischen Seelen.

Doch folgte ich den Spuren ihrer Lichter,
Myriaden von Funken, leuchtend,
denn Ihr Lied rief mich hinzu.
Und nicht allein ich war, je länger
durch den Wald ich rannte,
je mehr meiner Gefährten
in einer wilden Jagd ihnen folgten.
So stürmten wir dahin, nicht wissend wie lang,
am Himmel und zu Erde in den Kampf zu ziehen.

Leichtfüßig glitten wir über den Schnee,
schneller als der Wind, durch einen Wald,
beleuchtet nur durch der Engel Licht,
denn Mond und Sterne waren verschwunden.

Doch ihr Licht, heller als die Sonne,
wies uns den Weg durch die Nacht,
bis ein Geruch ließ mein Fell sich stellen,
mein Herz vor Wut und Hass,
ein Heulen ausstieß, weit zu hören.

Ein Schlund, tiefstes Schwarz, dunkel der Nacht,
tat sich am Ende unserer Jagd vor uns auf.
Ihm entstiegen, gleich Motten,
Schwärme dunkler Wesen, still wie der Tod.
Keine Angst spürend, sang doch mein Herz,
stürzten wir in den Kampf zu tilgen,
was nicht in diese Welt gehörte.
Denn unser war der Himmel und die Nacht,
und unser sollte es bleiben.

Es wogte der Kampf, Dunkelheit und Licht,
zu zerreißen Fetzen der Schwärze trieb mich Wut,
bis nach Stunden des Kampfes die Luft wieder rein.
Und mit der Stille, die nun einkehrte,
stiegen die Engel zum Himmel zurück,
leuchteten die Sterne erneut,
und setzend blickte ich zum Mond,
stieß aus meinem Ruf,
zu zeigen, diese Welt war mein.

Rosenfeld

Vom brachen Lande aus, betrat ich zögernd
eines kleinen Feldes Blumenpracht.
Blüten jeder Art, leuchtend in ihren Farben
lockten mich mit voller Macht.

Leisen Schrittes durchstrich ich das Feld
Nahm in mich auf den Duft
Neigte mein Haupt um aufzunehmen
Was mit sich trug die Luft.

Manch Blüte auf meinem Weg
genauer ich besah.
Doch berührten sie nicht mein Herz
Gedanken ganz klar

Blüten, so prächtig sie auch schienen
Stolz ihre Blüten reckten
Verdorben ihr Stiel oder nicht mehr
Im Boden sie steckten.

So strich ich dahin, durchquerte das Feld
Nicht wissend, verstehend was mich trieb.
Traute mich kaum zu riechen, zu sehen,
Tau auf den Blättern, nirgends ich blieb.

Kurz vor dem Tor, was hinaus mich führte
Schwarze kleine Rose, ein letzter Blick.
Die Dornen spitz, mich nicht verletzend,
der Duft unwiderstehlich, kein zurück.

Gebannt und gefangen,
legte ich mein Haupt
vor Dir.

Metamorphose (2)

Ein Wind kommt auf,
beginnt mit zarten Strichen die Federn
zu blähen und streicheln.

Die Schwingen hebend,
nimmt mein Körper dankend das Gefühl
der Leichtigkeit auf.

Ein Stoß, erst leicht,
dann mit voller Wucht in meine Federn
hebt mich empor.

Umgeben vom Wind,
warm er mich umfängt, zart, leicht der Geist
lässt er mich vergessen.

Du Mantel der Luft,
trage mich wohin du willst, gehöre Dir,
mit Leib und Seele.

Metamorphose

Ein Gewirr der Knoten
überzieht meinen Leib.
Ketten,
stark, aus feinstem Stahl
das Spiel der Muskeln
einengend bis zur Qual.

Stück für Stück
fallen sie nun dahin.
Mein Lauf
wird frei und geschwind
selten ich rannte
so schnell wie der Wind.

Mein Leib wird leicht
getrieben durch die Seele.
Schwingen
endlich gelöst und befreit
geben meinem Körper
eine unendliche Heiterkeit.

Auf immer ein Wolf
doch fliegen erneut gelernt.
Metamorphose,
heiße Dich voll willkommen.
Zeigst Du mir doch so,
was ich mir einst selbst genommen.

 Letzter Kampf

Trauer,
Ruhe,
Stille,
Verlust.

Die Sonne steht hoch über dem Feld,
Leiber Gefallener liegen, wie sie gestürzt.
Zerschmettert sind ihre Seelen dahin,
haben Freiheit erhalten, nun ohne Schmerzen.

Die Waffen der Gefallenen stecken
in blutgetränkter Erde, Mahnmale,
verrotten sie doch nicht so schnell
wie der, den sie trafen und erstachen.

Am Rande des Feldes sitzend,
betrachtete ich die Szenerie, verfolgte
wie die Raben sich gütlich taten,
sich grausig den Magen füllten.

Kreischend und zankend setzten sie fort,
was der Menschen Werk war zuvor.
Stritten sich ums Fressen
und zu vergolden Ihre Nester.

Und auf dem Feld am Rande
trieben der Menschen Herrscher
Händel ob des Grundes für den Kampf
ungedankt Eurer Leben.

Du, der Du hier liegst,
nur Raben Dir danken im Bauch,
Menschen Deiner vergessen,
wisse, ich erinnere mich an Dich.

Harrend des Sturmes

Auf meinen Pfoten sitzend, ruhig wartend,
sah ich der Wolken Grenze schnell heran eilen.
Keine Details ob der Kreaturen,
die auf geflügelten Dämonen reitend,
unseres Blutes gelüsteten.

Nur die Schwärze der Wolken kündete vom Unheil,
das vertreiben sollte den gespannten Frieden,
nur die Geier in ihren schwarzen Röcken
sollten am Ende gewinnen
einen gut gefüllten Magen.

Das Haar gesträubt, die Zähne gefletscht.
Erwartete den Kampf, das Kreischen der Sirenen
noch immer hoffend, das Ihr Weg sich ändere.
Nicht Blut unsere Welt beflecke,
tränke uns eigene Saat.

Doch gebaut ist jenes Land auf dem ich sitze,
auf tausenden von Knochen, zu vielen,
als dass meine Hoffnung mehr
als der Lichtschimmer einer versteckten Sonne
im dunklen einer Höhle.

So schleicht sich die Kälte des Morgens
durch meine Pfoten hindurch.
Versucht zu verdrängen der Körper Wärme,
gleich Gift der Dämonen,
mich in den Tod zu reißen.

Ein Schütteln meines Geistes genügt,
hebt hinfort der dunklen Gedanken.
Die Macht des Wolfes zu zeigen ist nun an der Zeit,
die Zähne gefletscht, Krallen bereit,
warte ich des Momentes, wo der Kampf beginnt.

Über die Grenze

Dunkelheit zog über das Land,
der Sturm brach herein, mit seiner Gewalt,
die Welt aus ihren Angeln zu heben.

Das Weinen der geschändeten Seelen
füllte die grausige Stille,
verlief doch der Kampf ohne Töne.
Auf dem Schlachtfeld in der Ferne
erspähte ich Dich alter Freund.

Wunden wurden Dir schon geschlagen,
Blut perlte aus Dir heraus.
Doch kämpftest Du gebrochenen Hauptes
auf der der Freiheit entgegengesetzten Seite.

Stumpf nun das Fell, schmerzt mein Herz
zu sehen Dich im Kampf, verwirrt der Geist.
Hoffe, das Blut reinigt das Gift,
Du noch findest Deinen Weg, abseits der Schlacht.

Es schmerzt nun mein Herz,
an den Schatten Dich verloren,
und ungewiss ich nun bin,
wie viele Opfer Deinem noch folgen
in diesem großen, unnötigen Krieg.

 **S** _turz_

Meine Pfoten trugen mich erneut zum Strand,
der Wind trug den Geruch fauligen Seetangs heran.
Der Sand fiel in feuchten Klumpen von meinem Fell,
wie schon in den Tagen, seit der Stern fiel.

Dort lagst Du dann, quältest Dich ab, kämpftest mit Dir.
Feuer umhüllt stürztest Du vor Tagen, brennende Federn, in die See.
Das Weiss deiner Hülle, geschändet, gelöscht durch die Flut,
Lücken und Schäden, doch nicht so sehr, als das Dein Tod.

In der Nacht als Du fielst, von Flammen umhüllt,
Trotz Deinen Stolz entfacht, Deinen Rücken stärkt.
Doch am Tage, als ich Dich fand, während Du schliefst,
Teer Dein Gefieder verklebte, Deine Haut schwarz benetzte.

Stolz nun gebrochen, nichts ist verblieben, Deine Arme hängen.
Vom weißen Ritter zum schwarzen Mann verkommen, Leid getragen,
überlege ich nun schon, ob ein Biss in Deine Kehle nicht erlöst.
Doch warte ich, jeden Tag aufs neue, beobachten, ob die Qual
gewinnt.

Selbst reinigen, Du Dich musst, Wunden versorgen ich zwar kann,
doch ohne Deinen Willen, ist der Weg zum Fliegen weiter versperrt.
So verbleibt es zu warten, jeden Tag aufs Neue zu schauen,
welches Deiner Schicksale sich erfüllen wird.

Schwarzer weißer Engel,
kein Schwert,
kein Licht,
Dich nun rettet.
Nur Du selber.

Zu schlafen bereit

Endlose Nacht bisher beherrschte den Himmel,
kaum noch Erinnerung an die Zeit davor.
Endlos trugen mich meine Pfoten auf diesem Weg
fast überraschend stieg am Horizont Licht empor.

Doch dunkel noch die Umgebung, gefährlich und drohend
messerscharfe Kanten, glänzendes Obsidian blitzend
aufgewühlte Erde, zerbrochene Felsen, versengt
von Feuer und Gewalten vergangener Kriege.

Hatte versucht mich nicht zu schneiden,
meinte, das Vorsicht und ein scharfer Blick
sowie die Hoffnung aufs Ende der Nacht
genug der Wachsamkeit sein.

Doch Blut tropfte von meinen Pfoten,
Narben den Narben hinzugefügt,
weit bevor das Licht mich erreichte.

Stolpere weiter, noch keine Zeit zu rasten.
Erst wenn weiches Moos meine Pfoten beruhigt,
erst Licht mein Fell wieder wärmt,
zu schlafen ich bereit.

ichtung

Komm setzt dich her,
lass dich nieder.
Zeig nur deine Pracht,
Licht sich schillernd bricht.
Schenke mir ein wenig Zeit,
dankend nehme ich sie entgegen.
Farben tanzen,
während du dich bewegst.
Staub, in Teilchen schwebend,
die Luft belebt.
Lachen in deiner Stimme klingt,
dem Wanderer, der gewillt zu bleiben,
etwas Freude schenkt.
Schaust dir an,
was interessant erscheint,
springst davon,
wenn Neugier gestillt.

Hüllst dich ein,
wie dir die Stimmung steht,
doch stehst zu dem,
was du zu sein gewillt.
Lächelnd hebst du deinen Finger,

Stupst ihn auf meine Schnauze,
zwinkernd.
Breitest deine Flügel und entschwindest
in den wilden Reigen deiner Art.

Müdigkeit mich überkommt,
Schlaf mir Ruhe gibt,
wacht doch an diesem Wald,
das Feenvolke.

Aufbruch

Verschlossen

Einsamkeit, sie frisst meine Seele,
selbst geschaffen, nie gefunden,
Tage wie dieser.

Habe so viel und kann doch nichts davon geben,
umwandere die Mauern ohne das Tor zu finden.
Warte auf die Belagerung, auf den Sturm auf die Mauern,
zu zerbrechen die Steine, die schützen und auch sperren.

Steine auf meinem Weg, schwer der Last,
immer wieder kostet es Kraft zu räumen, zu ertragen
was hinter der nächsten Biegung noch verborgen
als nächstes auf mich wartet.

Wäre alles so leicht, wenn fliegen gelernt,
tragen Flügel über Mauern hinaus,
felsiger Pfad kein Hindernis mehr,
der Wind meine Richtung bestimme, Bewegung frei.

Tage wie dieser,
selbst geschaffen, nie gefunden,
Sehnsucht, sie füllt mich aus.

Tanz

Schritt zur Seite, Schritt zurück
Kreis in sich geschlossen.
Erinnerungen flackern im Licht,
Bilder, Gefühle einer anderen Zeit ?

Töne fließen dahin, durchdringen,
berühren jeden auf ihre Art.
Entführen den einen wohin,
verändern andere zu Vögeln.

Bist in Dich geschlossen,
kein Schritt über die weiße Linie,
denn unsichtbar was dahinter kommt,
Angst vor dem Rand, bestimmt.

Welle aufgebraust, Gipfel beschritten,
Pfad führt bergab, Schwerkraft treibt.
Doch was auch auf dem Wege geschieht,
zählt doch nur oben gewesen zu sein.

Zwiegespräch

Was wird da kommen,
wem werde ich begegnen.
Folgt der Bauch dem Kopf
oder wer wird's heut bestimmen ?

Die Verschlingerin

So wird es sich dann zeigen,
wie weit sich der Naturfreund vorzuwagen gedenkt,
wie weit ihn die Göttin des Waldes erhört
und sich seiner Gegenwart erdürstet
um zu löschen Ihrer sengenden Feuer.

Sein Pfad zu gehen er bereit,
sein Stock seine einzige Waffe um zu erwehren
der düsteren Gefahren,
nicht wissend ob denn des nächsten Baumes
Wurzel ihn verschlingt, hinabzieht
in die umhüllende Dunkelheit wollüstiger Ohnmacht.

Verschlinge ihn, rief sie sich still zu,
verschlinge und verzehre ihn,
bereit zu schlagen, zu erhaschen,
doch hielt sie sich zurück,
wissend nur um gemeinsamer Lust,
der Keim zu sprießen bereit.

Naturgewalten

Es ist die brütende Hitze des Tages,
ohne Schatten die Menschen durstig macht,
ihnen Sehnsucht macht.

...es ist die Wärme,
die dem Körper beginnt zu durchströmen,
sich ausbreitet in allen Gliedern, heizt.

...es ist die Ankündigung eines lauen Windes,
aufbauende Wolken am Horizont,
die eine Erleichterung andeuten,
die Glieder vor Sehnsucht zucken lässt.

...es sind die warmen und kalten Luftmassen,
einander umströmend,
zart und doch gewaltig,
im Tanz gefangen.

...es beginnen sich die steifen hohen Wipfel der Bäume,
fest in der Hand Mutter Natur
zu biegen, zu zittern.

... bis sie sich wiegen im Takt der Gewalten,
... bis Donner und Blitz im Crescendo zueinander finden,
... bis der Regen einsetzt
und sich alle Körper erschauernd aneinander finden,
die Feuchtigkeit den Körper hinab strömend

und sinken in eine erschöpfte, zufriedene Ruhe.

Drache

Deinen Drachen, so nah ich ihn vor mir sehe,
Deinen Nacken liebkosend ich in ihn beiße.
Hitze mich umfängt,
die Linien deines Rückens
mit den Fingern ich verfolge.
Deine Brüste, zart ich sie umfange
verfolge meinen Weg zu deinem Bauch
ohne innezuhalten
meine Zunge mit dir spielt
alle deine Haare sich richten.
Warm und feucht sich deine Lippen zu mit recken,
vollends ich sie nun umschließe,
fordernd.
Achtend auf deines Körpers Reaktionen
langsam ich zu dir dringe.

Erst wenn Deine Geist sich ganz ergeben,
Dein Körper weich und entspannt,
das Zucken unsere Körper wieder verlassen,
beieinander,
der Schlaf gewinnt.

pilog

Dunkle Tannen säumten den Pfad, kaum sichtbar ein Wildwechsel,
selten noch benutzt. Die Andeutung eines saftigen Grüns lockte mich,
der Geruch frisches Grases, ein Hauch von Wärme.
Strahlen brachen sich am Rand des Unterholzes, bemooste Äste,
abgelöst von weichen Gras, verloren sich hinter mir, als ich auf die
lichtdurchflutete Lichtung trat.
Ein Zauber lag auf diesem Flecken, Ruhe sich in mir bildete, so legte
ich mich danieder, glänzende Tautropfen nah vor meinen Augen,
blitzend ohne zu blenden.
Funken glitzernden Lichtes bewegten sich auf mich zu ...

Andächtig trat ich hinaus,
staunend das Einöd der Ruhe betretend
Sonnenlicht die Bäume durchdrang
wo lang nur Dunkelheit herrschte.

Ließ mich nieder an dem Teiche
Nässe mein Fell benetzte

die Götter des Waldes um Vergebung bittend
meinen Hunger ich stillte.
Schlief ein, ruhte
bis ein Hauch, ein Kitzeln
mich aus meinen Träumen erweckte.
Augen mich erblickten, mich erwählten.
Zuhause ich war.